Emil

Nolde für Kinder

Emil

Nolde für Kinder

von Mario Giordano

DUMONT

**Farben sind mir ein Glück und mir ist es,
als ob sie meine Hände liebten.**

Emil Nolde war ein Maler. Er wurde 89 Jahre alt
und gehört zu den berühmtesten Künstlern des 20. Jahrhunderts.

Er malte Blumen,
Tiere,
Berge,
Ungeheuer und Sagengestalten,
Tänzerinnen
und immer wieder das Meer und die Landschaft seiner Heimat
in Schleswig-Holstein. Das liegt im Norden von Deutschland.

Seine Werke werden in allen großen Museen der Welt ausgestellt
– und in seinem Haus in Seebüll. Dort kann man heute noch
durch Emil Noldes großen Blumengarten spazieren.

Emil und seine Frau Ada

**Der Künstler, welcher alles kann, was er will,
der ist kein wirklicher Künstler.**

Am 7. August 1867 wird in dem kleinen dänischen Dorf Nolde
ein Emil Hansen geboren. Er wird später Künstler und nennt sich
mit 35 Jahren nach seinem Geburtsort: Emil Nolde.

So sieht Emil Nolde
mit 20 Jahren aus...

und so mit 75 zusammen mit Ada
in seinem Garten in Seebüll...

...und so malt er sich selbst. Da ist er 50 Jahre alt.

Wer nicht träumen und schauen kann, kommt nicht mit.

Emil hat eine schöne Kindheit.
Den ganzen Sommer über läuft er barfuß,
nur im Winter trägt er die unbequemen Holzschuhe.
Er hilft bei der Heuernte, passt auf die jungen Kälber auf
und klaut Honig aus wilden Bienennestern.

Das Dorf Nolde hat damals vier Häuser, fünf Höfe und
68 Bewohner. Die meisten von ihnen heißen Hansen.
Emils Vater ist der Bauer Niels Hansen,
Emils Mutter heißt Christine.
Niels Hansen besitzt 70 Ochsen, Kühe und Kälber.
Er kennt sich gut mit Pferden und dem Wetter aus,
ist klug und beliebt im Ort.

Niels Hansen will, dass Emil auch einmal Bauer wird;
oder wenigstens Schlachter. Oder Tischler.

Hof der Eltern, Aquarell
Emil malt dieses Bild vom
Bauernhof seiner Eltern,
als er sie einmal besucht.
Da ist er schon 26 Jahre alt
und lebt eigentlich bereits
in der Schweiz.

Geschnitztes Pferd,
Bleistiftzeichnung
Dies ist eine der ersten
Zeichnungen von Emil.
Als Modell benutzt er ein
geschnitztes Holzpferd.
Das hält wenigstens still.

Aber Emil malt viel lieber. In der Schule übermalt er die Bilder
in seinen Schulbüchern oder zeichnet Porträts seiner Freunde mit
Kreide an die Tafel. Sogar am Sonntagnachmittag schleicht sich
Emil in den Klassenraum und zeichnet Hähne, Steinböcke, Pferde
und Gipsengel.

Er versucht auch, mit Holunder- und Rotebeetesaft zu malen,
weil ihm die rotviolette Farbe so gefällt. Aber das klappt
irgendwie nicht so gut. Erst als er zu Weihnachten seinen
ersten Farbenkasten geschenkt bekommt, geht es besser.
Damit malt er nun die Dörfer in der Umgebung: Buhrkall,
Renz, Wraagaard und Lüdersholm. Und zeichnet Landkarten
für die Großbauern.

Mit 16 Jahren verlässt Emil die Schule und muss seinem Vater
helfen, die Pferde und Rinder zu füttern. Von frühmorgens
bis spätabends. Schwere, schmutzige Arbeit. Da schreibt Emil
an einen Balken im Stall:
»Das Füttern ist eine sehr langweilige Arbeit,
ich jedenfalls mag es nicht tun.«

Er wird still und verschlossen. Manchmal sitzt er träumend
im Heu und überlegt, ob er Missionar werden soll. Oder Maler.
Allein in der dunklen Scheune zeichnet er an die Wände
und sogar an die Stalltüren.
Fuhrwerke, Menschen und Landschaften.
Bis der Nachbar Peter Heinsen eines Tages die Zeichnungen sieht
und ausruft: »Aus dem Jungen muss etwas werden!«

Meine Kegelbrüder,
Federzeichnung
**Oft zeichnet er auch
lustige Postkarten wie
diese und schickt sie
nach Hause.**

Und Emil will Maler werden. Aber das erlaubt sein Vater nicht.
Der Pastor hält »Kunstmaler« sogar für einen sündigen Beruf.
Aber Emil ist stur. Er gibt nicht auf, er bittet und drängelt
seinen Vater so lange, bis er mit 17 Jahren wenigstens
die Schnitzschule in Flensburg besuchen darf.
Dort zeichnet er Möbel und schnitzt kunstvolle Verzierungen
aus Holz.

10

Mit 21 Jahren geht er nach Karlsruhe und dann nach Berlin, wo er als Möbelschnitzer in verschiedenen Möbelwerkstätten arbeitet. Abends belegt er Zeichenkurse an der Kunstgewerbeschule.

Bis er mit 25 Jahren eine Stelle als Zeichenlehrer in St. Gallen bekommt. Das liegt in der Schweiz. Weit weg von Zuhause. Aber Emil gefällt es.

In seiner Freizeit durchstreift Emil die Berge und Almen rund um St. Gallen und zeichnet die knorrigen Almbauern.

... Aber auch die jungen Mädchen.

Mädchen, Kohlezeichnung
Wenn er Frauen und Mädchen zeichnet, ist Emil immer noch schüchtern. Er geht aber gern zum Tanzen. Einmal trifft Emil beim Wandern eine schöne Almbäuerin, die ihm dicken Rahm zu trinken gibt. In der Nacht darauf träumt er von ihr, und wenige Tage später trifft er sie auf einem Tanzfest wieder.

Mein Möpschen,
Kohlezeichnung
**Dieses Bild zeichnet Emil
nach einem Gemälde von
Bruno Piglhein. Der ist damals
ein berühmter Kunstprofessor
in München.**

Hier die Vorlage von
Bruno Piglhein. Das Bild
heißt »Mein Möpschen«.

Es lebte in mir die Gewissheit des Könnens, und ich konnte nichts.

Emil malt jeden Tag und ist dennoch unzufrieden
mit seiner Malerei.

Der stille verschlossene junge Mann von der Küste
liebt die Berge und wird in der Umgebung bald
als großer Bergsteiger bekannt.

Er besteigt den Altmann, den Tödi, den Mürtschenstock mit
seinen drei Gipfeln: Der »Böse«, der »Faule«, der »Rauhe«.
Innerhalb von vier Tagen besteigt er sogar die höchsten Berge
der Schweiz: das Matterhorn und den Monte Rosa.
Als er nach St. Gallen zurück kommt, rufen die Leute:
»Vom Nordpol kam der Nansen, vom Matterhorn der Hansen!«

Emil malt Aquarelle mit Landschaften und sein erstes Ölbild »Die Bergriesen«. Das schickt er nach München zur Jahresausstellung der Münchner Künstler.

Aber die »Bergriesen« werden abgelehnt.
Dafür wird eine kleine farbige Zeichnung in der Zeitschrift »Jugend« abgedruckt. Das ist schon was.

Bergriesen, Ölmalerei
Beim Wandern im Lötschental kommt Emil die Idee, die Berge als Märchengestalten zu malen. Er spürt, dass er damit etwas ganz Neues macht, und ist sehr aufgeregt und glücklich.

Die Kunst eines Künstlers muss seine Kunst sein. Was er lernt, gilt nur wenig.

Von seinen Bergausflügen schickt Emil Postkarten mit
lustigen Zeichnungen an seine Freunde. Er entwickelt seine
neue Idee weiter und zeichnet die Berge als Fabelwesen,
denn er liebt die Sagen der Bergwelt mit ihren Riesen,
Zwergen und Ungeheuern.

Diese Postkarten gefallen nicht nur seinen Freunden.
Auch bei Sammlern sind sie schnell so beliebt, dass Emil
die Idee kommt, sie in großer Auflage zu drucken und
zu verkaufen. Das Drucken ist aber nicht billig. Dennoch
kratzt Emil seinen ganzen Mut und seine ganzen Ersparnisse
zusammen und lässt einhunderttausend Stück drucken.
Bereits nach 10 Tagen sind alle verkauft!
Emil hat 25.000 Franken verdient und ist jetzt reich.

Er lässt noch mehr Postkarten drucken. Ein Riesenerfolg.
Als genug Geld für ein Kunststudium beisammen ist,
hört Emil mit den Postkarten auf, kündigt seine Stellung
und verlässt St. Gallen – um endlich Maler zu werden!

Das Matterhorn lächelt,
Bergpostkarte
**Einmal kommt eine Postkarte,
auf die Emil ein lachendes
Matterhorn gezeichnet hat,
zu Emil zurück, unterschrieben
von bekannten Münchner
Künstlern. Emil kann vor
Freude kaum schlafen.**

Cimone de la Pala und die
Vezano, Bergpostkarte
**Indem Emil den Bergen
Gesichter gibt, erzählt er
auch ihre Geschichten.
Hier versucht der große
alte Berg, eine junge Berg-
riesin mit Geschenken
für sich zu gewinnen.**

Nachahmung ist Lüge.

Emil geht nach München und bewirbt sich an der Kunstakademie.
Dort wird er abgelehnt.
Schließlich geht er an eine private Malschule.
Die kostet zwar viel Geld, aber das hat er ja.
Noch.

Emil lernt die Technik des Malens. Er ist jetzt 31 Jahre alt
und damit der Älteste in der Schule und trotzdem ein Anfänger.
Keiner seiner Lehrer mag Emil besonders gern, denn Emil ist
ein Sonderling. Weil er so verschlossen und ungesellig ist,
interessieren sich auch seine Mitschüler nicht für ihn
oder seine Arbeiten.
Dafür umso mehr für seinen Erfolg mit den Postkarten.
Alle sind neidisch und wollen wissen, wie man so was macht.

Emils bester Freund heißt Hans Fehr. Sie verreisen und
malen zusammen und wenn Hans knapp bei Kasse ist,
dann leiht Emil ihm was.

Um malen zu lernen, geht Emil in die großen Museen
und studiert dort die Bilder Alter Meister.
Er will verstehen, was und wie er selbst malen will und
was er in seiner Kunst vermeiden will.
Deswegen reizt es ihn auch, in der Malschule gerade nicht das
zu tun, was seine Lehrer ihm empfehlen. Sondern das Gegenteil.
Er will kein Nachahmer werden.

Jeden Sommer fährt Emil zurück nach Hause nach Nolde und
malt die norddeutsche Landschaft und die Knechte seines Vaters.
Eine vornehme alte Dame malt er so genau, dass sie ihm
das Bild für 50 Mark abkauft.

Sein erstes verkauftes Bild!
Emil kommt sich vor, als habe er sein eigenes Kind verkauft.
Ein Bild von Franz Lenbach kostet damals übrigens 15.000 Mark.
Der ist zu dieser Zeit der erfolgreichste und berühmteste Maler
und malt Fürsten und Könige.

Vor Sonnenaufgang, Ölmalerei
Neben den phantastischen
Bergwesen malt Emil in dieser
Zeit nur wenige Ölbilder.
Manche unheimlich und düster.
Hier sitzt ein Fabelwesen auf
einem Felsennest, das andere
fliegt gerade davon. Vielleicht
auf einen Raubzug, bevor die
Sonne aufgeht.

Wie viele Maler reist Emil nach Paris, um die Bilder der großen
Meister zu studieren. Das ist so üblich, damals wie heute.
Emil studiert an der Académie Julian und geht viel in den Louvre,
wo die berühmtesten Gemälde der Welt hängen.

Seine Lehrer korrigieren ihn ständig. Aber Emil interessiert sich
mehr für die Bilder seiner Mitschüler. Ihm fällt auf, dass die
drei Besten zugleich auch die drei verschiedensten sind.
In Form und Farbe.

Die schönsten Tage in Paris sind die, wenn Hans Fehr
ihn besucht. Dann gehen sie in die Kabaretts und Nachtclubs,
wo wild getanzt wird.

Dennoch gefällt Paris ihm nicht. Er kann kein Französisch
und lernt es auch nicht. Er lernt auch nicht viel über das Malen.
Enttäuscht kehrt Emil nach Norddeutschland zurück.
Paris hat ihm nur wenig gegeben,
und er hatte sich doch soviel erhofft.

Wieder zu Hause, fragt ihn seine Mutter, wieviele Gesellen
er eines Tages haben werde. Emils Antwort ist enttäuschend:
keinen.
Seine Mutter bedauert, dass ihr Sohn das ganze Malen
immer allein machen muss.
Aber die Bilder ihres Sohnes gefallen ihr.
Was die anderen im Dorf seltsam und unverständlich finden,
findet sie interessant und gut.

Das leichte Arbeiten ›aus dem Ärmel schütteln‹ habe ich nie gekonnt.

Emil geht nach Kopenhagen und nimmt sich ein Atelier
im Turm des Holckenhus. Gleich gegenüber dem Tivoli,
dem großen Kopenhagener Vergnügungspark.
Wenn er ausgeht, kleidet er sich so gewöhnlich wie möglich.
Er will nicht als Künstler erkannt werden. Er hat so viele Maler
gesehen, die so aussahen wie Künstler und doch keine waren.

In Kopenhagen erkrankt er an den Augen und kann fast nichts
mehr sehen. Eine Weile muss er eine Sonnenbrille tragen
und befürchtet schon, zu erblinden.
In dieser Zeit entstehen viele kleine phantastische Zeichnungen.

Bei Freunden lernt Emil den Polarforscher Knud Rasmussen
und seine Freundin Ada Vilstrup kennen. Ada ist Schauspielerin
und Sängerin. Und sehr schön.

Als Emil Kopenhagen verlässt, schreibt er ihr von unterwegs
lange Briefe. Und sie schreibt zurück.
Emil kann nicht glauben, dass Ada ihn überhaupt mag.

Dabei liebt sie ihn sogar.

Emil tanzt gerne. So wild und laut, dass der Kronleuchter
in der Wohnung unter seinem Atelier fast von der Decke fällt.
Als Hans Fehr Emil und Ada einmal im Atelier besucht, tanzen
und stampfen die beiden ausgelassen herum und singen laut.
Da sagt Hans: »Hier wohnt das Glück!«

Alle große Kunst ist Fülle von Stoff und Seele zu harmonischer Einfachheit verdichtet.

Als Künstler kann Emil nicht immer nur einsam in Schleswig-Holstein oder Kopenhagen leben. Er braucht den Kontakt zu anderen Künstlern und zu Galeristen, die seine Bilder zeigen und verkaufen.
Also zieht er nach Berlin und nimmt sich ein Atelier im Grunewald.

Aber so oft er kann, fährt er nach Kopenhagen zu seiner Freundin Ada. Bis sie 1902 heiraten.

Mit der Hochzeit ändert Emil auch seinen Namen. Zum Zeichen der großen Veränderung in seinem Leben nennt er sich fortan: Emil Nolde.

Emil und Ada ziehen in Emils neues Berliner Atelier in der Hubertusallee. Sie haben nicht viel Geld, denn Emils Reichtum durch die Postkarten ist inzwischen aufgebraucht und kaum jemand interessiert sich für die Bilder des unbekannten Malers Emil Nolde. Ein paar kleine Ausstellungen in Leipzig, Berlin und Weimar bleiben ohne Erfolg.
Trotzdem sind die beiden glücklich und auf dem kleinen roten Tisch fehlt nie eine Blume.

Emil und Ada
im Jahr ihrer Hochzeit.

Berlin wird ihnen aber bald zu teuer. Also fahren sie
nach Nolde und Emil zeigt Ada die Plätze seiner Kindheit.
Auch die alten Zeichnungen im Stall und einen Satz,
den er vor vielen Jahren an einen der Balken geschrieben hat.
»Das Füttern ist eine sehr langweilige Arbeit, ich jedenfalls
mag es nicht tun.«

Füttern braucht Emil nicht mehr. Er ist jetzt Maler.
Auch wenn die meisten Dorfbewohner nicht verstehen,
was er da macht und sich ein bisschen vor ihm fürchten.
Sogar vor Ada.

Geselligkeit ist der gefährlichste Malerfeind.

Emil und Ada ziehen um nach Flensburg. Sie sind immer noch
arm, denn immer noch interessiert sich niemand für die Bilder
des Malers Emil Nolde.

Kurze Zeit später ziehen sie auf die dänische Insel Alsen.
Emil Nolde mietet für 50 Mark ein altes Fischerhaus und
baut sich eine Bretterbude am Strand als Atelier.

In diesem Haus auf Alsen besucht ihn auch sein Freund Hans
mit seiner jungen Frau Nelly. Als er sieht, wie arm sein Freund
ist, schickt er jeden Monat ein bisschen Geld.

Mit dem letzten Geld fährt Ada verzweifelt nach Berlin.
Sie hofft, dort bei einem Theater als Sängerin auftreten
zu können, denn ihre Stimme ist sehr schön.
Doch in Berlin wird sie sehr krank. Emil macht sich gleich
auf den Weg, um ihr beizustehen. Der Arzt rät ihnen,
in die Wärme zu fahren.

Emils Freund Otto Wetter, ein Komponist, bezahlt ihnen
eine Reise nach Italien. Sie reisen nach Taormina in Sizilien.
Aber Emil mag die Landschaft nicht.
Nur den Vulkan Ätna, den mag er und malt ihn.

Frühling im Zimmer, Ölmalerei
Emil malt immer wieder Bilder
von Ada zu Hause. Obwohl sie
so arm sind, fehlt es im Haus
nie an Blumen. Die machen
das karge Leben ein wenig
heiterer.

Emil ist am liebsten allein mit Ada auf Alsen. Aber um Bilder
zu verkaufen und in Kontakt mit Künstlern und Galeristen
zu bleiben, leben sie abwechselnd in Alsen und in Berlin.
Im Sommer in Alsen – im Winter in Berlin.
Aber auch dort bleiben sie am liebsten zu zweit.

Emil probiert verschiedene Drucktechniken aus.
Besonders die Radierung gefällt ihm. Sie bietet ihm
genügend Raum für spontane Einfälle. Das Drucken ist zwar
sehr umständlich, aber man kann von jedem Bild gleich
mehrere Exemplare anfertigen.
In dieser Zeit entsteht eine Reihe von fantastischen Radierungen,
die »Phantasien«.

Seltsame Wesen, Radierung
Und immer wieder Fabelwesen.
Sie scheinen zu schweben,
wirken leicht bewegt und
voller Tiefe. Fast scheint es,
als wären sie bereits in der
Metallplatte verborgen
gewesen. Emil beherrscht
die Technik der Radierung
bald so meisterhaft, dass er
die Eigenschaften des Metalls
für sich nutzen kann. Er spielt
mit der aufwändigen Technik.
Und das Metall spielt mit.

Die Radierung

Die Radierung ist eng verwandt mit dem Kupferstich. Beides sind Drucktechniken. Beim Kupferstich ritzt der Künstler ein Bild in eine Metallplatte. Dafür benutzt er richtige Werkzeuge. Die Arbeit ist schwierig und dauert sehr lange. Jede Linie, die der Künstler in die Platte einarbeitet, muss ganz genau durchdacht sein. Macht er nämlich einen Fehler, ist manchmal die ganze Platte ruiniert. Nach dem Ritzen wird Farbe auf die Platte gegeben und gleich wieder abgewischt, so dass nur die Farbe übrig bleibt, die tief in die Ritzen eingedrungen ist. (Deshalb nennt man diese Art des Druckens auch Tiefdruck.) Dann wird ein feuchtes saugfähiges Papier auf die Platte gepresst.

Das Papier nimmt die Farbe aus den Ritzen auf und das Bild erscheint auf dem Papier. Die Radierung funktioniert ähnlich, aber die Linien kommen anders in die Platte: Sie werden geätzt. Dazu wird zunächst die ganze Platte mit einer Mischung aus Lack und Wachs bedeckt. Mit einer Stahlnadel kann der Künstler hier ganz einfach hineinritzen. Das ist fast so leicht wie das Zeichnen mit dem Bleistift. Und wenn er sich mal vertut, dann kann er einfach neuen Lack drüberpinseln. Nach dem Einritzen in den Lack wird die Platte in eine Wanne mit Säure gelegt. Die Säure berührt die Metallplatte nur da, wo der Lack weggeritzt wurde. Je länger die Platte in der Säure bleibt, desto tiefer werden die Rillen. Nach dem Säurebad wird der Lack abgelöst und man fährt fort wie beim Kupferstich.

Manche Künstler arbeiten auch nach dem Ätzen noch weiter an ihren Bildern. Sie nehmen dann eine Nadel und ritzen direkt in die Platte wie beim Kupferstich, aber nicht so vorsichtig. Meistens werden diese Linien etwas gröber und an den Rändern auch ein bisschen unscharf. Diese Technik nennt man Kaltnadelradierung.

Kupferstiche und Radierungen sehen ähnlich aus wie Federzeichnungen. Aber beim Kupferstich kann man mit einer Platte bis zu 200 Abzüge drucken. Bei einer Radierung immerhin noch 100. Sie sind deshalb nicht so teuer wie ein Ölgemälde, von dem es ja immer nur eins gibt.

Alles was zugleich von allen mit Jubel empfangen wird, ist sicherlich nicht gut.

Immer wieder schickt Emil seine Radierungen und Bilder
an berühmte Galerien.
Immer wieder kommen sie zurück.
In Zeitungskritiken erntet Emil nur Spott und Beschimpfungen.
Hier eine kleine Auswahl:

Kunstkrämpfe, Tintenklecksphantasien,
Scheußlichkeiten, Gröbster Unfug,
Blutiger Anfänger, Barbarei, Fix und falsch,
Verbrechen wider die Kunst,
Wildgewordene Farbe wie irrsinnig,
Fingerdick aufgetragene Kleckse,
Kannibalenkunst, Sinnlose Wildheit,
Unbeholfenheit und Brutalität,
Rasereien

Emil aber bleibt stur seiner Malweise treu.
Er ist überzeugt, auf dem richtigen Weg zu sein.

Dann werden einige seiner Bilder überraschend in
einer Ausstellung in Dresden gezeigt. Einige Maler sehen
die Bilder und schreiben Emil einen begeisterten Brief.
Sie bitten ihn, ihrer neuen Künstlergemeinschaft beizutreten.
Die heißt »Die Brücke«.

Joseph erzählt seine
Träume, Ölmalerei
**Emil malt 51 Bilder mit
biblischen Geschichten. Wie
Joseph empfindet auch er sich
als Außenseiter und Einsamer.
Ein Sonderling und Träumer,
der nach innen schaut und
dennoch Neid auf sich zieht.**

Emil freut sich über die Einladung
und freundet sich mit den Künstlern
der »Brücke« an.

Durch die »Brücke«-Künstler entdeckt er auch die Technik
des Holzschnitts. Das gefällt ihm, Holzschnitzen hatte er
immerhin mal gelernt.

Der Holzschnitt

Holzschnitt ist auch ein Druckverfahren. Ein so genanntes Hochdruckverfahren, weil die zu druckenden Stellen hochstehen. Dabei dient ein Stück Langholz, das parallel zu den Fasern geschnitten wird, als Druckstock. Das Bild wird mit verschiedenen Messern in das Holz gegraben und geschnitzt. Der Verlauf der Maserung bestimmt die Arbeitsrichtung, weil sonst die Ränder ausfransen.

Die hochstehenden Stellen werden mit Farbe bestrichen, dann wird der Druckstock auf ein saugfähiges Papier gepresst. Typisch für den Holzschnitt sind die kräftigen Linien und Kontraste.

Der Holzschnitt hat seinen Ursprung in China und ist die älteste Art des manuellen künstlerischen Druckens. Zuerst druckte man nur Schwarz und Weiß, im Laufe der Zeit aber auch mit Farben.

Tänzerinnen, Holzschnitt
Auch die Technik des Holzschnitts beherrscht Emil sehr gut, obwohl Holz ein sehr schwieriges Material ist. Aber Emil kennt das Material aus seiner Lehrzeit und nimmt es ernst. Mit sparsamen Schnitten schnitzt er zwei Mädchen, die leicht und beschwingt fast aus dem Bild heraustanzen. Und das starre Holz tanzt mit.

Mann und Frau, Holzschnitt
Emil stört es nicht, wenn
die Holzplatten wild gemasert
sind oder noch Astlöcher oder
Risse haben. Im Gegenteil.
Er setzt die Eigenarten des
Materials geschickt in seinen
Bildern ein und nennt das
»Mitarbeit der Natur«.

Emil wird auch Mitglied der großen Berliner
Künstlervereinigung, der »Berliner Secession«.

Im Sommer malt Emil auf Alsen seine ersten Gartenbilder.
Die Farben der Blumen ziehen ihn unwiderstehlich an.
Überhaupt Farben.

Die Farben sind mir wie Freundschaft oder Liebe, das beides sich ausleben will, in allerschönster Form.

Dunkle Dahlien, Aquarell
Bis an sein Lebensende malt Emil immer wieder Blumen. Oft sind es Aquarelle. Emil verwendet meist das dicke saugfähige Japanpapier auf dem die Farben frei verlaufen. Zwar werden die Blumen dadurch nicht bis ins kleinste Detail dargestellt, aber ihre Wirkung ist umso eindrucksvoller. Prächtig und farbig wirken sie, wie ins Bild hinein gepresst und zum Greifen nah. Ein Ausdruck für die überwältigende Kraft der Natur.

Das Aquarell

»Aquarell« kommt von dem lateinischen Wort »aqua« für Wasser. Es bedeutet Malen mit Wasserfarben. Die Farben werden mit Wasser angelöst, vermischt und dann mit speziellen Pinseln auf saugfähiges Papier aufgebracht.

Je nach Papier kann man ganz verschiedene Farbverläufe erzielen. Meist malt man von hell nach dunkel und von zart nach gesättigt. Manchmal bleibt das Papier trocken, manchmal wird es vorher angefeuchtet. Dann laufen die Farben sofort auseinander und vermischen sich.

Was Weiß werden soll, bleibt frei. Das bedeutet, dass der Maler vorher genau wissen muss, wohin er sein Licht malt. Überhaupt verlangt die Aquarelltechnik vom Maler viel Kunstfertigkeit und Konzentration. Asiatische Tuschkünstler konzentrieren sich manchmal stundenlang, bevor sie ein Bild malen – und dann geht plötzlich alles ganz schnell mit ein paar Strichen.

Das Aquarellieren ist besonders bei jungen Malern beliebt, die frei und aus dem Gefühl des Augenblicks heraus malen wollen. Außerdem kann man bequem unterwegs und im Freien malen, weil Farbkasten und Pinsel so klein sind.
Aquarellfarben gibt es in vielen Tönen und Schattierungen, aber meist mischt der Künstler seine Farben aus Gelb, Rot und Blau selbst zusammen.

Viele Künstler malen Aquarelle nur als Vorstudien zu ihren Ölbildern. Emil Nolde aber entdeckt das Aquarell als eigene Kunstform wieder und entwickelt eine große Meisterschaft darin. Er experimentiert viel mit Farben und Papieren, malt auf saugfähiges Japanpapier, das besonders schöne Verläufe ergibt, benutzt aber auch festes Zeichenpapier.

Meist fängt er seine Aquarelle mit wenigen schwarzen Tuschestrichen an, dann malt er zügig mit breiten farbigen Pinselschwüngen den Rest. Manchmal aquarelliert er auch im Freien. Er mag, wie Wind und Wetter das Bild beeinflussen. Wenn es sehr kalt ist, bilden sich sogar Eiskristalle auf dem Papier.

Zwei Hähne, Aquarell
Emil liebt es, in seinen Aquarellen spontan auf die entstehenden Unregelmäßigkeiten, Flecken und Farbverläufe zu reagieren. Vielleicht wollte er hier ja ursprünglich keine Hähne malen, aber die ausfasernden Farben haben ihn darauf gebracht.

Die Natur getreu und genau nachbilden ergibt kein Kunstwerk.

Emil geht gern auf Maskenbälle. Wenn er in Berlin ist, streift er nachts durch die Berliner Kabaretts und Kneipen. Tagsüber malt er dann die Tänzerinnen, die er gesehen hat.

Er ist auch mit der Tänzerin Mary Wigman befreundet. Ihr wilder Tanzstil hat etwas Befreiendes für ihn. Das versucht er, in seiner Malerei auszudrücken.

Kerzentänzerinnen, Ölmalerei
Die Kerzentänzerinnen sind
Noldes berühmtestes Tanzbild.
Die starken Farben und die
schnell gesetzten Pinselstriche
zeigen, wie wild und ekstatisch
sich die Figuren bewegen.
Ausdrucksvoller hat wohl kaum
jemand gezeigt, wie schön
es ist, zu tanzen.

Schlepper auf der Elbe,
Ölmalerei

Alles ist bewegt. Das vom
Wind aufgewühlte Wasser,
der tief verhangene Himmel,
der Dampf aus dem kleinen
Schlepper, der tapfer gegen
die Wellen ankämpft. Aus ganz
gewöhnlichen Landschaften
macht Emil dramatische Bilder.
Sie geben Eindruck davon,
wie innerlich aufgewühlt er
selber ist. Wie beim Tanz
versucht er auch in anderen
Bildern, die Bewegungen des
Lebens und seine innere
Erregung auszudrücken.

Ich wollte auch nicht malen, was ich wollte, nur was ich malen musste.

Emil malt schnell. Je schneller ein Bild entsteht, desto besser.
Er mag es, wenn man noch den Pinselstrich auf der Leinwand
erkennen kann. Die Handschrift des Künstlers.

Immer noch werden Emils Bilder von den älteren und
berühmteren Berliner Künstlern verachtet. Als er sich dagegen
auflehnt und beschwert, sind plötzlich alle gegen ihn.
Auch jene, die ihn vorher mochten.
Der Dichter Alfred Kerr verspottet ihn sogar in einem Gedicht:

> »Maler Nolde hockte brütend
> Saß und sann und wird wütend
> Da er unbezweifelbar
> Jung, doch nicht talentvoll war.«

Emil wird aus der Berliner Künstlervereinigung, der »Berliner
Sezession«, ausgeschlossen.
Zwanzig Jahre lang werden seine Bilder nicht in Berlin gezeigt.
So sehr hassen ihn Kunsthändler und Künstler.

Die Mode in der Kunst wandelt sich. Aus Frankreich kommt
der neue Kubismus. Nur Emil malt stur und unbeirrt weiter
wie immer und wird dafür von vielen Malern verachtet
und verspottet.
Nur einer glaubt an ihn: Paul Klee.

Diskussion, Lithographie
Den ganzen Tag steht Emil in der Druckerei, zeichnet, schleift und mischt. Von jedem Stein, von jedem Druck macht er viele verschiedene Fassungen.

Der Maler braucht nicht viel zu wissen; schön ist es, wenn er unter instinktiver Führung so zielsicher malen kann wie er atmet, wie er geht.

Trotz aller Ablehnung – wenn er malt, fühlt Nolde sich frei und glücklich. In dieser Zeit entstehen auch die ersten Lithographien.

36

Die Lithographie

Lithographie bedeutet Steindruck und ist ein Vorläufer vieler moderner Drucktechniken. Der Künstler malt mit fetthaltiger Farbe auf einen geschliffenen und polierten Kalkstein. Der wird danach in einem umständlichen Verfahren mit Talk, Gummi Arabicum, Salpetersäure, öligen Lösungsmitteln und Druckfarbe so bearbeitet, dass man von dem Stein mehrere Abdrucke des Bildes machen kann. Nach dem Drucken kann der Stein wieder abgeschliffen und erneut benutzt werden.

Das gedruckte Bild sieht jedoch seitenverkehrt aus. Deswegen malen die meisten Künstler erst ein Bild auf ein so genanntes Umdruckpapier, das sie dann auf den Stein übertragen – damit es richtig herum gedruckt werden kann.

Dieses Verfahren ist Emil Nolde zu umständlich. Er malt lieber direkt auf den Stein, noch in der Druckerwerkstatt. Dann gibt er den Stein dem Drucker und überwacht den ganzen Druckvorgang.

Kopf mit Pfeife. E.N., Lithographie
Noch ein Selbstbildnis. Da ist Nolde 40 Jahre alt. Er braucht jetzt nur noch wenige Linien, um sich zu malen. Und man erkennt ihn – vor allem seine Stimmung: hier ernst und ein bisschen grimmig.

Wir weißen Europäer sind das Unheil der farbigen Naturvölker.

Exotische Figuren II, Ölmalerei
Weil er sich sehr für die Menschen in fernen Ländern interessiert, geht Emil oft ins Völkerkundemuseum und studiert die Kunst der Naturvölker. Das machen damals viele Maler. Aber niemand malt Museumsstücke lustiger als Nolde. Wie die Künstler der Naturvölker versteht Emil sich als Figurenmaler. Die Vorlagen findet er im Berliner Völkerkundemuseum. Den Witz hat er selbst.

Emil kauft ein altes verfallenes Haus mit ein bisschen Land
an der schleswigschen Nordseeküste.
Das Haus nennt er »Utenwarf«.

Er interessiert sich sehr für die Kunst der Naturvölker.
Er will ein Buch darüber schreiben, aber es kommt nie heraus.
Dann aber erhält er die Einladung zu einer großen Reise:
Er soll eine Expedition nach Neuguinea in Asien begleiten.
Das ist damals eine deutsche Kolonie.

Und Emil sagt zu.
Im Herbst 1913 geht es los.
Mit der Expedition reisen Emil
und Ada von Berlin Richtung Osten
und kommen durch Russland und Sibirien.
Sie kommen nach Korea.
Nach China.
Nach Japan.
Über das südchinesische Meer zu den Philippinen.

Drei Russen, Ölmalerei
Während der Südseereise hat Emil nur selten Zeit, in Öl zu malen, weil es so aufwändig ist. Er skizziert die Tataren, Sarten, Baschkiren und Kirgisen, die er auf den Bahnstationen in Russland und Sibirien beobachtet und malt die Bilder dann nach seiner Rückkehr in Öl.

Die ganze Reiseroute
von Emil und Ada.

Während der Seefahrt schnitzt Emil kleine Holzfiguren.

Dann geht es weiter nach Neuguinea in der Südsee.
Der Hafen heißt Friedrich-Wilhelmshafen.

Dort sieht Emil, wie die eingeborenen Völker von den
deutschen Landbesitzern zu Arbeitssklaven gemacht werden.

Emil versucht zu verhindern, dass die reichen Europäer und
Amerikaner den Eingeborenen ihre gesamte Kultur abkaufen.
Vergeblich.
Emil malt die Südseebewohner im Freien. Dabei wird er
fast einmal von einem Mann mit einer spitzen Bambusstange
getötet. Die Menschen fürchten sich vor seinen Bildern, denn sie
glauben, dass er damit magische Kräfte über sie habe und alles
mit ihnen machen könne.

Diese Südseebilder sind eine merkwürdige Episode in meinem künstlerischen Schaffen, in ihrer Herbheit, der frischen Natürlichkeit und im Charakter kaum mit irgendwelchen Bildern anderer Maler vergleichbar.

Neu-Guinea-Wilde, Ölmalerei
Auch dieses Bild entsteht erst nach der Reise. Aber die Wildheit und die innere Kraft der Drei bleibt Emil noch lange in Erinnerung. Er braucht viel Geduld und Tabak bis sie ihm erlauben, ihre Gesichter zu zeichnen. Diese Südseebilder sind oft dunkler als seine früheren, denn Emil findet die Tropen weniger farbig als seine norddeutsche Heimat.

Mann und Weib
im Zelt, Ölmalerei
Emil will in seinen Bildern die Völker und die Kultur der Südsee für spätere Generationen festhalten. Er liebt die naturverbundene und ursprüngliche Lebensweise dieser Menschen. Aber er weiß, dass sie durch den Einfluss der modernen Technik nie mehr so leben werden wie einst.

Bei einer Expedition zu entlegenen Urwalddörfern trinkt er
aus einem Urwaldbach und wird sehr krank. Alle denken,
er werde sterben.
Nur Ada nicht. Sie pflegt ihn gesund.

Emil und Ada reisen zurück nach Deutschland.
Über Celebes.
Über Java.
Über Birma.

1914 bricht in Europa der Erste Weltkrieg aus.
Viele Künstlerfreunde von Nolde sterben im Krieg.
Darunter auch Franz Marc und August Macke.

Weil Deutschland den Krieg ausgelöst hat, wird ihr Schiff
im Suezkanal festgehalten und darf nicht weiterfahren.
Emil und Ada sitzen fest.
Bis ein holländischer Kapitän sie auf seinem Dampfer mit-
nimmt. Viele seiner Südseebilder aber muss Emil zurück lassen.
Sie werden kurz darauf vom englischen Militär beschlagnahmt.

Über Marseille, Genua, Zürich, München und Berlin geht es
zurück nach Alsen. Über ein Jahr sind Emil und Ada fort
gewesen und um die halbe Welt gereist.

A. und E. Nolde,
Ölmalerei

43

Teufel und Gelehrter, Ölmalerei
Eine merkwürdige und komische
Begegnung. Zwei, die unter-
schiedlicher nicht sein könnten:
ein lesender Gelehrter und ein
Teufel. Wie unterschiedlich sie
sind, zeigt Emil durch die Wahl
ganz gegensätzlicher Farben.

Emil wäre gerne viel mehr gereist.
Nach Afrika, in den Himalaja, nach Island und Grönland,
zu den Indianern Amerikas.
Aber seine Armut und der Krieg machen die meisten Reisepläne
zunichte.

Nach der Südseereise ist Emil hoch verschuldet. Zum Glück
kann er einige seiner geretteten Südseebilder verkaufen.

Weil Emil und Ada so arm sind und manchmal richtig
verhungert aussehen, schenkt Emils Schwager ihm eine Kuh,
die Ada melkt. Aber die Kuh ist eigenwillig und springt immer
auf das Haferfeld des Nachbarn.

Die Nachbarn sind freundlich – aber von Emils Kunst
halten sie nichts.

Emil und Ada fahren gern in ihrem schwarzgeteerten Fischer-
boot aus. Manchmal geht Nolde auf die Entenjagd, trifft aber
nicht, denn seine Flinte ist krumm.

Emils Pferd heißt Fritz und ist braunrot mit einer hellen Mähne.
Fritz geht auch unerschrocken durch tiefes Wasser.
Emils großer Bernhardinerhund heißt Kastor.

Nach dem Krieg wird Utenwarf Dänemark zugeschlagen.
Aber Nolde kann Dänisch und Ada ist Dänin.
Obwohl sie all die Jahre so oft krank ist, ist ihre Stimme
noch immer sehr schön.
Nolde versucht, Gesangsstimmen Farben zu geben:
Dunkellila, Rostrot, Feuerrot, Graublau.

Alles Ur- und Urwesenhafte immer wieder fesselte meine Sinne.

Nach dem Krieg bricht eine neue Zeit an und verändert auch
den Kunstgeschmack. Emils Bilder werden nun öfter ausgestellt
und auch verkauft.
Endlich ist er seine großen Geldsorgen los.

In Kiel trifft Emil einen russischen Maler, der ihm von seinen
verschollenen Südseebildern erzählt!

Emil macht sich sofort auf die Suche, fährt nach Berlin,
nach Heidelberg, nach Paris und findet seine Bilder schließlich
in London bei einem Warenhausbesitzer namens Poppelstone.
Auch Noldes großer Reisekoffer mit 250 Zeichnungen findet sich
wieder an. Emil ist glücklich. Nun hängen seine bunten
Tropenbilder in einer schleswigschen Bauernstube.

Begegnung am Strand,
Ölmalerei
Wieder treffen zwei Sonderlinge
aufeinander. Diesmal zwei
Frauen. Sie haben offenbar
nicht miteinander gerechnet.
Die Kleinere streckt frech ihren
Kopf vor und die Große hält
ihre Brust schützend fest. Das
Meer ist stürmisch aufgewühlt.
Gleich wird etwas passieren!

Meerweib, Ölmalerei
Immer wieder malt Emil das Meer. Zu jeder Jahreszeit, aber am liebsten bei Wind und Sturm. Eine unbändige Naturgewalt, bevölkert von Fabelwesen wie hier das Meerweib. Ein rätselhaftes Urwesen ist sie, ein Troll, eine scheue Riesin. Das Meer wirft sie an Land, und Emil zeigt sie uns im Augenblick, bevor die Gischt sie wieder ins Meer zurückholt.

Das Künstlersein ist ein triebhaftes Ringen mit Gott und der Natur, es ist ein Kampf in Lust und Leidenschaft.

Von England aus reisen Emil und Ada nach Spanien. Nach Barcelona, nach Malaga und Granada. Dort leben damals über 3000 Zigeuner, die Emil an die Naturvölker der Südsee erinnern. Jeden Tag malt Emil die Zigeuner. Wenn er in ihr Viertel kommt, dann läuft ihm ein zerlumpter Junge voraus und ruft: »Der Meister ist da! Er malt ganz schnell, sehr ähnlich und jeder Abgemalte bekommt eine Peseta!«

Emil zeichnet junge Zigeunermädchen beim Tanzen.
Er geht auch zum Stierkampf. Aber das findet er so grausig, dass er ihn nicht malen kann.

Zigeunermädchen
(blauer Schatten), Aquarell
Als die Zigeunermädchen
Fraquito und Taguita sich
im Hotelzimmer von Emil und
Ada zum ersten Mal in einem
Spiegel sehen, fangen sie vor
Aufregung sofort an, wild zu
tanzen. Emil versucht, diesen
spontanen Tanz so schnell
wie möglich auf seinem Blatt
festzuhalten.

Junge Gnu-Antilope, Aquarell
**Die meisten Tieraquarelle sind
weniger farbig als die Blumenbilder.**

**Bilder in der Hand des Malers sind Lebewesen,
sie tragen Lust und Leid in sich, und ihr Geschick.**

Zurück in Deutschland, geht Emil oft in den Berliner Zoo
und aquarelliert die Tiere dort. Löwen, Tiger, Eisbären,
Antilopen, Kängurus, Bisons, Chamäleons, Wasserschildkröten,
Fische, Eidechsen, Frösche, Papageien, Paradiesvögel, Tukane,
Kraniche und Flamingos.

Riesentukan, Aquarell
Den Tukan aber mag Emil besonders und malt ihn wie Blumen.

Sarus-Kraniche, Aquarell
Vornehm und majestätisch,
im allerzartesten Lichtblau
erscheinen zwei Kraniche
vor unseren Augen. Eine
Zartheit, die nur durch
größte Meisterschaft gelingt.
Emils Blumen- und Tier-
aquarelle gelingen so prächtig
und zart zugleich, dass man
es kaum glauben kann.

Marschlandschaft
im Winter, Aquarell
Die Marsch ist Emils Heimat,
die er über alles liebt und
zu allen Jahreszeiten malt.
Im Sommer blühen in seinem
Garten die schönsten Stauden.
Auf diesem Bild zeigt er,
wie eindrucksvoll die Landschaft auch im eintönigen
Winterlicht sein kann.

Farben können so schön sein, so schön – wie Musik.

1926 verlassen Emil und Ada Utenwarf. Sie finden eine Warft
nicht weit entfernt und nennen sie »Seebüll«.
Und »Seebüllhof« den kleinen benachbarten Bauernhof.

Inzwischen ist er ein anerkannter Künstler
und seine Bilder werden in großen Ausstellungen gezeigt.

Grundriss des
Gartens in Seebüll

Emil Nolde, ca. 60 Jahre alt.

Calla, Anemonen
und Gerbera, Aquarell
Emils Blumenbilder haben
von Anfang an großen Erfolg.
Trotzdem malt er viele Jahre
gar keine Blumen. Das ist sein
Ausdruck dafür, wie missver-
standen er sich fühlt und wie
unglücklich er darüber ist.

Nolde baut ein Haus mit Atelier und Bildersaal, das er selbst
entworfen hat. Der Bau dauert 10 Jahre. Zu seinem 60. Geburtstag im Jahr darauf sind erst Atelier und Wohnung fertig.
Also findet das große Geburtstagsfest in einem Gasthof statt.

Emil beginnt auch einen Garten für Seebüll zu entwerfen.
Er zeichnet ein A und ein E mit einem kleinen Teich
wie ein Schmuckstück dazwischen. Als der Garten fertig ist,
erkennt niemand mehr das Prinzip, und Ada und Emil
verraten es auch nicht.

Pierrot und weiße
Lilien, Aquarell
**Seine verzauberten Bilder
sind eine Huldigung an das
Geheimnis und die seltsame
Schönheit der Dinge.**

Zu Emils 60. Geburtstag gibt es in Dresden eine
große Nolde-Ausstellung. Danach nimmt das Interesse
an seinen Bildern noch weiter zu.
Er ist jetzt ein berühmter Maler.

Vierzehn Jahre später erhält er Berufsverbot und darf
nicht mehr malen.

**Gelb kann Glück malen und auch Schmerz.
Es gibt Feuerrot, Blutrot und Rosenrot.
Es gibt Silberblau, Himmelblau und Gewitter-
blau. Jede Farbe birgt in sich ihre Seele, mich
beglückend oder abstoßend und anregend.**

Seit 1933 ist Deutschland eine Diktatur. Die Nationalsozialisten
regieren mit großer Brutalität, schränken die Menschenrechte
ein und planen den Zweiten Weltkrieg. Wer öffentlich Kritik übt,
riskiert sein Leben. Millionen Juden werden ermordet. Die
unmenschliche Politik beherrscht den Alltag jedes Einzelnen.
Sogar Künstler gelten als gefährlich. Viele dürfen nicht mehr
arbeiten, werden verhaftet, manche können Deutschland noch
rechtzeitig verlassen.
Emil bleibt.

Noch gilt er als »deutscher« Maler und darf arbeiten.
Aber das ändert sich bald.

Frühmorgenflug, Aquarell
**In den »Ungemalten Bildern«,
die oft so klein wie Spielkarten
sind, entfernt sich Emil all-
mählich von der Darstellung
äußerer Dinge und Formen.**

1937 gibt es in München eine Ausstellung in der Bilder gezeigt
werden, die nun als »undeutsch« und »entartet« gelten.
Auch Bilder von Nolde sind darunter. Seine Bilder werden
beschlagnahmt und dürfen fortan nirgendwo mehr ausgestellt
werden. Vier Jahre später erhält Nolde einen Brief, in dem ihm
verboten wird, zu malen.
Da ist Nolde siebzig.

Unter großer Gefahr gelingt es ihm und Ada, ein paar Bilder aus
Berlin zu retten und zu verstecken. Viele andere werden von den
Behörden verkauft oder verbrannt.
Die Polizei kommt bei Emil in Seebüll vorbei und kontrolliert,
ob er nicht etwa unerlaubt malt. Sie erwischen ihn nie,
obwohl er natürlich heimlich weiter malt, in einem
verschwiegenen versteckten Hauswinkel.

Da er keine Farben und Pinsel mehr kaufen darf, malt er
ganz kleine Bilder, die er später einmal in Groß malen will.
Die nennt er seine »Ungemalten Bilder«.

Über diese Zeit der Verfolgung, des Malverbots und des
heimlichen Malens hat der Schriftsteller Siegfried Lenz einen
berühmten Roman geschrieben: »Die Deutschstunde«.

Emil ist jetzt ein Geächteter. Viele seiner Künstlerfreunde haben
Deutschland bereits verlassen. Andere wurden ermordet.
Emil bleibt.

Der Zweite Weltkrieg bricht aus. Emils Berliner Atelier wird
von einer Bombe getroffen und brennt vollständig aus.
Dabei verbrennen auch viele seiner Bilder und auch Bilder
befreundeter Künstler.
Emil bleibt.

Frau und Engel, Aquarell
Immer mehr geht es Nolde
jetzt um geistige Versenkung
und den Blick nach innen –
wie bei Joseph dem Träumer.

Dunkler Baum, Aquarell
**Diese heimlich entstandenen
Bilder zeigen ganz konzentriert,
alles was Nolde in seiner Kunst
wichtig war.**

**Mir ist, mit meiner geliebten Gefährtin des Lebens,
mein schönstes Lebensglück entschwunden.**

1945, als der Krieg und die Zeit der Diktatur vorbei sind,
darf Emil wieder malen. Und die Welt entdeckt ihn wieder.

Jetzt kommt auch endlich der ganz große internationale Erfolg.
Die größten Museen der Welt stellen nun seine Bilder aus
und Nolde wird in aller Welt gefeiert.
Seine Bilder erzielen Höchstpreise und Emil gilt nun als
einer der größten Künstler des 20. Jahrhunderts.

Da ist er 78.
Im Jahr 1946.
Am 7. November stirbt Ada.

Zwei Jahre später heiratet Emil Jolanthe Erdmann,
die Tochter eines Freundes.

Acht Jahre später, am 13. April 1956 stirbt auch Emil.
Mit 89 Jahren.

Liebespaar unter
roter Blüte, Aquarell
Man erkennt auch in Noldes
späten Bildern noch Farben
und Formen, allerdings viel
undeutlicher als früher, wie
verschwommen. Diese Spät-
werke sind Vorbild für viele
moderne Künstler. Bis heute.

Bildliste

Alle nicht anders bezeichneten Bilder stammen aus dem Besitz
der Nolde Stiftung Seebüll. Alle in Anführungen gesetzten Werktitel
stammen von Emil Nolde.

Literatur

Ingried Brugger und Manfred Reuther (Hrsg.), »Emil Nolde«, Katalog zur
    Ausstellung »Emil Nolde« im Kunstforum Bank Austria, Wien, 1995

Siegfried Lenz, »Die Deutschstunde«, Hamburg, 1997

Emil Nolde, »Mein Leben«, Köln, 2000

Manfred Reuther, »Das Frühwerk Emil Noldes«, Köln, 1985

Wieland Schmied (Hrsg.), »Harenberg Museum der Malerei«, Dortmund, 2002

Martin Urban, »Emil Nolde, Blumen und Tiere«, Köln, 2002

Harenberg Malerlexikon, Dortmund, 2001

Harenberg Lexikon der Sprichwörter und Zitate, Dortmund, 2001

Websites

www.nolde-stiftung.de (Ada und Emil Nolde Stiftung in Seebüll)

www.dhm.de/lemo/html/biografien/NoldeEmil (Deutsches Historisches Museum)

http://de.wikipedia.org/wiki/Emil_Nolde (Wikipedia, offene Enzyklopädie)

Mario Giordano,

geboren 1963, Autor von Romanen, Kinder- und
Jugendbüchern sowie Drehbüchern. 2001 erhielt
er den Bayerischen Filmpreis für das Drehbuch
nach seinem Roman »Das Experiment«. Seine
Kunstbücher für Kinder, darunter »Der Mann
mit der Zwitschermaschine« (2001) über Paul Klee
und »Pablos Geschichte« (2000) über Picasso,
gehören zu den erfolgreichsten Publikationen
auf diesem Gebiet.

Dank
Der Autor dankt Maria Platte und Tina Anjou vom
DuMont Literatur und Kunst Verlag für Ihre Unter-
stützung und Birgit Haermeyer für die Gestaltung.
Ein besonderer Dank an Manfred Reuther für seinen
kritischen und genauen Blick auf das Manuskript,
Königinpastete und die Führung durch Noldes Reich.

Bibliografische Information der Deutschen Bibliothek
Die Deutsche Bibliothek verzeichnet diese Publikation
in der Deutschen Nationalbibliografie; detaillierte
bibliografische Angaben sind im Internet über
http://dnb.ddb.de abrufbar.

Lektorat Tina Anjou
Umschlag Groothuis, Lohfert, Consorten
Gestaltung Birgit Haermeyer
Produktion Marcus Muraro
Reproduktionen PPP, Pre Print Partner, Köln
Druck und Verarbeitung Druckhaus Schmücker, Löningen

Printed in Germany
ISBN 10: 3-8321-7586-5
ISBN 13: 978-3-8321-7586-3